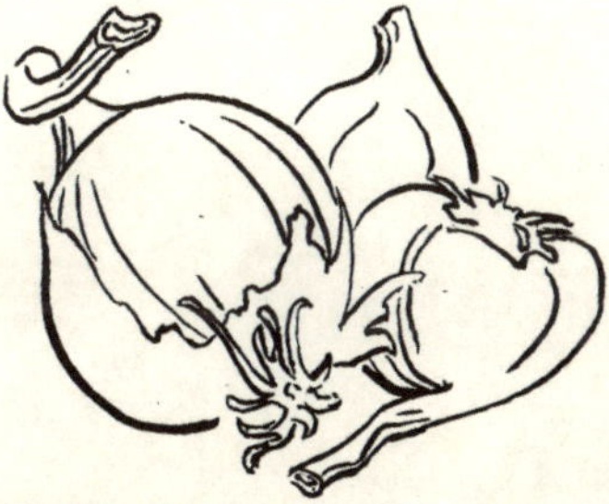

A ARTE DE COMER

THICH NHAT HANH

Tradução

Rodrigo Peixoto

AGIR

CIP-BRASIL. CATALOGAÇÃO-NA-FONTE
SINDICATO NACIONAL DOS EDITORES DE LIVROS, RJ

N479a

Nhât-Hanh, Thich, 1926-
A arte de comer / Thich Nhat Hanh ; tradução Rodrigo Peixoto. - 1. ed. - Rio de Janeiro: Agir, 2015.
126 p. : il.

Tradução de: How to eat
ISBN: 978.85.220.3084-2

1. Dieta. 2. Culinária (Alimentos naturais). 3. Saúde. I. Título.

CDD: 613.26
CDU: 613.24

Contatos:
Rua Nova Jerusalém, 345 – Bonsucesso – 21042-235
Rio de Janeiro – RJ – Brasil
Tel.: (21) 3882-8200 – Fax: (21) 3882-8212/8313

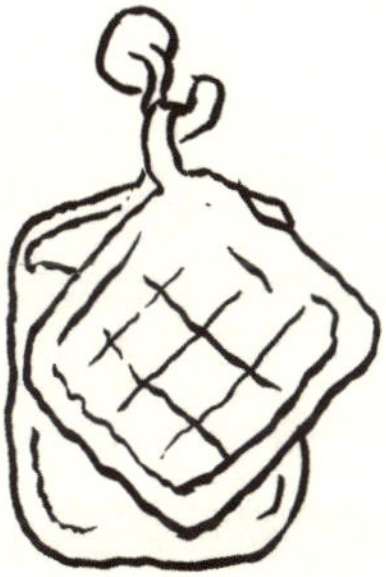

SUMÁRIO

NOTAS SOBRE A MANEIRA DE COMER

COMER DE MANEIRA CONSCIENTE

Para cultivar a atenção plena (ou *mindfulness*), podemos fazer o mesmo de sempre (caminhar, sentar, trabalhar, comer...) com percepção consciente do que estamos fazendo. Ao comer, sabemos que estamos comendo. Ao abrir uma porta, sabemos que estamos abrindo uma porta. Nossa mente está conectada às nossas ações. Quando comemos uma fruta, tudo o que precisamos é atenção plena para nos darmos conta disto: "Estou com uma maçã na boca." Nossa mente não precisa estar em nenhum outro lugar. Se você está pensando no trabalho enquanto mastiga, não estará comendo com atenção plena. Ao prestar atenção na maçã, estará sendo consciente. Então, você pode ir mais fundo e, em pouquíssimo tempo, você verá as sementes da maçã, o lindo pomar, o céu, o fazendeiro, o responsável pela colheita e assim por diante. Quanto trabalho em uma única maçã!

NADA VEM DO NADA

Com apenas um pouquinho de consciência plena, você poderá enxergar verdadeiramente de onde vem o pão que come. Ele não vem do nada. O pão vem dos campos de trigo, do trabalho duro e também do padeiro, do fornecedor e do vendedor. No entanto, o pão é mais do que isso. O campo de trigo precisa de nuvens e luz do sol. Portanto, num pedaço de pão, há luz do sol, nuvens, o trabalho do agricultor, a felicidade de se ter a farinha, a habilidade do padeiro e (milagrosamente!) o pão. O universo inteiro se alinhou para que esse pedaço de pão parasse em suas mãos. E não é necessário refletir muito para chegar a essa conclusão. Você deve apenas impedir que sua mente se perca em preocupações, pensamentos e planejamentos.

SEU CORPO PERTENCE À TERRA

Na vida moderna, tendemos a pensar que somos donos do nosso corpo, que podemos fazer o que quisermos com ele. No entanto, nosso corpo não é apenas nosso. Ele pertence aos nossos ancestrais, aos nossos pais e às gerações futuras. E também pertence à sociedade e a todos os demais seres vivos. As árvores, as nuvens, o solo e todos os seres vivos contribuíram para a presença do nosso corpo. Devemos comer com cuidado, sabendo que somos cuidadores do nosso corpo, em vez de seus donos.

COMER SEM PENSAR

Quando comemos, normalmente pensamos. No entanto, podemos desfrutar muito mais se tentarmos não pensar enquanto comemos. Podemos estar atentos apenas à comida. Algumas vezes, comemos sem estar atentos a esse fato. Nossa mente não está focada. E quando nossa mente não está focada, nós olhamos, mas não vemos. Ouvimos, mas não escutamos. Comemos, mas não percebemos o sabor da comida. Mergulhamos em um estado de esquecimento, a falta de consciência plena. Para estarmos verdadeiramente presentes, devemos parar de pensar. Eis o segredo do sucesso.

ESPERAR SEM ESPERAR

Quando nos servimos em um bufê e levamos nosso prato à mesa, não precisamos ter o sentimento de esperar que os demais se sirvam e se sentem. Tudo o que devemos fazer é respirar e desfrutar do fato de estarmos sentados. Ainda não comemos, mas podemos sentir alegria e gratidão. Eis uma oportunidade para ficarmos em paz.

Na fila de uma lanchonete ou restaurante, ou mesmo esperando a hora de comer, não precisamos perder nosso tempo. Não precisamos "esperar". Podemos desfrutar de nossa respiração, nutrindo e cuidando do nosso corpo. Podemos aproveitar esse momento para perceber que, em pouco tempo, estaremos comendo e assim ficamos felizes e repletos de gratidão. Em vez de esperar, podemos gerar alegria.

PISAR NO FREIO

Podemos pisar no freio e realmente desfrutar de nossa comida. Fazendo isso, nossa vida ganhará uma boa dose de qualidade. Eu adoro me sentar e comer em silêncio, desfrutando de cada mordida, atento à presença de quem me rodeia, atento ao trabalho duro e amoroso que tornou possível aquela comida. Quando como dessa maneira, não fico apenas fisicamente nutrido, mas também espiritualmente. A maneira de comer influencia tudo o que faço durante o dia.

Comendo, podemos meditar tão bem quanto sentados ou caminhando. É uma chance de recebermos os vários presentes da Terra, tudo o que não seríamos capazes de desfrutar se nossa mente estivesse em outro lugar. Eis um verso que gosto de recitar enquanto como:

Nas dimensões do espaço e do tempo,
Mastigamos em ritmo, assim como respiramos.
Mantendo as vidas de todos os nossos ancestrais,
Abrimos um caminho ascendente aos nossos descendentes.

Podemos empregar o tempo de comer para nos nutrirmos com o melhor legado de nossos pais, transmitindo os valores mais preciosos às futuras gerações.

FOCAR A ATENÇÃO EM APENAS DUAS COISAS

Enquanto comemos, podemos tentar prestar atenção em apenas duas coisas: na comida que estamos degustando e nos amigos sentados ao nosso redor, comendo conosco. Isso é chamado de atenção plena à comida e à comunidade. Comendo com consciência, percebemos todo o trabalho e energia que foram devotados para que a comida chegasse até nós. Se estamos comendo com outras pessoas, podemos notar como é maravilhoso, mesmo que nossa vida seja agitada às vezes, sermos capazes de encontrar um tempo para sentar e relaxar juntos, desfrutando de uma refeição. Quando podemos respirar, sentar e comer junto com familiares ou amigos, com consciência plena, alcançamos a chamada "construção verdadeira de comunidade".

CADA GARFADA CONTÊM O UNIVERSO

Preste atenção a cada garfada. Ao levar o garfo à boca, esteja atento ao fato de que a comida é um presente de todo o universo. A Terra e o céu colaboraram para levar essa garfada à sua boca. Enquanto respira, tudo o que você precisa é de um segundo ou dois para se dar conta disso. Comemos de uma maneira que cada pedacinho de comida, que cada momento em que nos alimentamos tenha atenção plena. Com apenas alguns segundos, vemos que a comida em nosso garfo é um presente de todo o universo. Enquanto mastigamos, mantemos essa consciência viva. Quando mastigamos, sabemos que o universo inteiro está presente naquele pedaço de comida.

ANTES DE QUALQUER COISA, RESPIRE

A primeira coisa a fazer, ao se sentar com seu prato de comida, é parar de pensar e ficar atento à sua respiração. Respire tentando se nutrir. Você poderá se nutrir, e também nutrir os demais, com sua prática de respiração. Nós nutrimos uns aos outros.

DESLIGUE A TELEVISÃO

Algumas vezes, as pessoas comem vendo televisão. Porém, mesmo que a desligue, a tevê da sua mente poderá continuar ligada. Portanto, você deve desligar a televisão da sua mente. Caso alguns pensamentos persistam em sua cabeça, você ficará disperso. Para estar verdadeiramente presente, você deve desligar não apenas a televisão e o rádio da sua casa, mas também as conversas e imagens presentes em sua mente.

QUANTO É SUFICIENTE?

Não precisamos comer muito para nos sentirmos nutridos. Quando estamos presentes e vivos frente a cada pedaço de comida, cada mordida nos enche de paz e felicidade. Repletos dessa alegria, podemos descobrir que nos sentimos naturalmente satisfeitos com menos comida.

PREPARAR UMA REFEIÇÃO

Quando preparamos uma refeição com total consciência, tudo fica delicioso e saudável. Quando preparamos a comida com consciência plena, amor e cuidado, todos comerão do nosso amor. As pessoas são capazes de desfrutar a refeição com seus corpos e mentes, da mesma maneira que são capazes de desfrutar de uma linda obra de arte. Comer não é nutritivo somente para o corpo, mas também para a mente.

A COZINHA

A cozinha pode ser um espaço de meditação quando praticamos a consciência ao cozinhar e ordenar esse espaço. Podemos decidir executar nossas tarefas de maneira relaxada e serena, seguindo nossa respiração e mantendo a concentração no que estamos fazendo. Trabalhando com outras pessoas, podemos trocar algumas palavrinhas, mas apenas sobre o trabalho que está sendo feito.

UM ALTAR NA COZINHA

Se quiser, na sua cozinha, crie um altar para se lembrar de praticar a mente atenta enquanto prepara suas refeições. Pode ser uma pequena prateleira com espaço para um porta-incenso e, se couber, um pequeno vaso de flor, uma pedra bonita, a foto de um antepassado ou guia espiritual, uma estátua... Enfim, o que for mais significativo para você. Ao entrar na sua cozinha, comece os trabalhos acendendo um incenso ou praticando a respiração consciente, transformando o espaço em uma sala de meditação.

COZINHAR SEM PRESSA

Reserve um bom tempo para cozinhar. Não tenha pressa. Sabendo que os nossos corpos, e os corpos das pessoas que amamos, dependem da comida que estamos preparando, cozinhamos alimentos saudáveis com infusões de nosso amor e de nossa consciência plena.

PRATIQUE A PAZ ENQUANTO CORTA LEGUMES

A paz pode ser praticada enquanto cortamos vegetais, cozinhamos, lavamos louça, regamos nossa horta, ou mesmo enquanto dirigimos ou trabalhamos. Tente liberar a tensão do seu corpo e da sua mente estando completamente focado no que faz. A hora de trabalhar na cozinha também é um momento de meditação.

ARRUMAR A MESA

Fazer uma refeição com consciência plena é uma prática importante. Desliguemos a televisão, deixemos o jornal de lado e trabalhemos em equipe durante cinco ou dez minutos, arrumando a mesa e terminando o que for preciso. Nesses poucos minutos, podemos ser muito felizes. Quando a comida estiver na mesa, e todos estiverem sentados, pratique a respiração: "Inspirando, acalmo meu corpo. Expirando, eu sorrio." Repita três vezes. É possível recuperar-se por completo após respirarmos três vezes dessa forma.

COZINHAR COM ALEGRIA

Cozinhar pode nos trazer muita alegria. Quando coloco água em uma bacia para lavar os vegetais, olho cuidadosamente para a água em busca de sua maravilhosa natureza. Vejo que a água vem do alto das montanhas, ou do fundo da Terra, direto para nossas cozinhas. E sei que, em alguns lugares, as pessoas são obrigadas a caminhar vários quilômetros para conseguir um balde de água, que voltam carregando nos ombros. Aqui, a água está disponível sempre que abro a torneira. Consciente da preciosidade que é a água limpa, eu valorizo a água que chega à minha casa. Da mesma maneira, eu também valorizo a eletricidade quando acendo uma luz ou quando fervo água. Tudo o que preciso fazer é ter consciência de que eletricidade e água estão facilmente disponíveis para mim e fico instantaneamente feliz. Quando estou descascando ou cozinhando legumes, posso fazer tudo isso com consciência plena e amor. E enxergo o ato de cozinhar como uma maneira de oferecer nutrientes e cuidado aos meus amigos e familiares. Dessa maneira, é fácil encontrar alegria e paz no trabalho. Olhando cuidadosamente para um tomate, um cacho de uva ou um pedaço de tofu, posso ver a natureza maravilhosa dessas coisas. Sou capaz de me lembrar que elas surgiram do solo, do sol, da chuva, da semente. Tente organizar sua vida a fim de ter tempo e energia suficientes para cozinhar com prazer e paz. A energia de amor e harmonia na cozinha penetrarão na comida que você estiver preparando para oferecer aos seus entes queridos e a si mesmo.

UM GRÃO DE ARROZ CONTÉM TODO O UNIVERSO

Quando olhamos para um grão de arroz, um mero segundo de consciência plena e concentração nos permite enxergar que esse grão contém o mundo inteiro: a chuva, as nuvens, a Terra, o tempo, o espaço, os produtores; tudo. Consciência plena e concentração criam *insight*, e de repente podemos enxergar muitas coisas em um grão de arroz. É muito rápido! Onde há consciência plena e concentração, há *insight*. Quando colocamos um grão de arroz na boca, colocamos o universo inteiro dentro dela. Isso só é possível quando paramos de pensar. Ao mastigar um grão de arroz, simplesmente mastigue, para que nenhum pensamento interrompa essa maravilhosa realidade.

COMUNHÃO

Em certas tradições, monásticos almejam afastar suas mentes da comida e focar nas virtudes de uma vida espiritual. Na minha tradição, fazemos o oposto. Nós nos concentramos na comida e a enxergamos como sendo o universo. Na tradição católica, na Eucaristia, vê-se um pedaço de pão como o corpo de Jesus. Na tradução budista, vê--se um pedaço de pão como o corpo do universo. Tudo está presente nele. Quando o mastigamos com consciência plena, sem pensar em mais nada, enxergamos perfeitamente tudo o que esse pedaço de pão contém. Por isso, quando você dá uma mordida no pão e depois o mastiga com consciência plena, entra em verdadeira comunhão com a vida em sua plenitude.

DEMORE O TEMPO QUE FOR PRECISO

É ótimo separar um tempo para comer, pois o momento da refeição pode ser de muita alegria. Reserve um tempo para saborear seu café da manhã, seu almoço, seu jantar. Desfrute da sua refeição. Pare de pensar e esteja presente por completo, com sua mente e seu corpo.

EMBAIXADOR DO UNIVERSO

Pegue um grão de milho e passe um tempo analisando-o. Você verá a Terra, os raios de sol e a chuva nesse grão. Tudo isso junto produziu o grão que você está segurando. Portanto, o grão de milho é um embaixador que veio nutrir as pessoas. Nós precisamos apenas de dois ou três segundos para chegar a essa conclusão. Ao colocar um grão de milho na boca, mastigue-o com consciência plena e agradeça ao universo.

MASTIGUE SUA COMIDA, NÃO SUAS PREOCUPAÇÕES

Certas vezes, comemos sem pensar no que ingerimos. Estamos pensando no passado ou no futuro, ou então ruminando nossas ansiedades ou preocupações. Portanto, pare de pensar em trabalho, esqueça o escritório, esqueça tudo o que não estiver acontecendo quando estiver comendo. Não mastigue suas preocupações, seus medos, sua raiva. Caso mastigue seus planejamentos e sua ansiedade, será complicado sentir-se grato por cada pedacinho de comida. Simplesmente mastigue seus alimentos.

NUTRIDO PELA PRÁTICA

Tente estar presente para sua comida e para as pessoas sentadas ao seu redor. Não feche os olhos nem desvie o olhar ao mastigar. Abra os olhos e, caso esteja acompanhado, perceba que todos estão animados, que estão bem. Quando mastigamos com consciência, não somos apenas nutridos pelos alimentos, mas também por nossa prática de mente atenta, paz e felicidade. Ao mastigarmos, respiramos, desfrutamos de nossa respiração e também de nossa habilidade para comer e retirar nutrientes do que comemos.

COMIDA COMO MEDICAMENTO

Nas Cinco Contemplações originais, como foram recitadas na época de Buda, a comida era considerada um medicamento. No entanto, eu acredito que, quando recebeu comida boa, Buda também desfrutou dela. Não acredito que a tenha encarado como mero remédio. Todos nós sabemos que os alimentos nutrem nossos corpos. Mas também podemos apreciar e saborear nossos alimentos.

CURA

Quando comemos com consciência plena, consumimos exatamente o que precisamos para manter nossos corpos, mentes e também a Terra saudáveis. Fazendo isso, reduzimos nosso sofrimento e também o sofrimento dos demais. Começamos a nos curar e podemos ajudar a curar o mundo. Como uma família espiritual, e também como uma família humana, podemos ajudar a transformar nossas vidas em algo mais sustentável seguindo essa prática.

DESLIGAR O RÁDIO

Para comer com alegria, devemos desligar a Rádio PSP (ou Pensando sem Parar). Embora nossos corpos estejam sentados enquanto comemos, nossas mentes costumam estar a mil por hora. Para estarmos verdadeiramente presentes em nossas refeições, devemos interromper o diálogo interno constante. Comer sem pensar é comer em liberdade. E nós nos libertamos pois não pensamos no passado, no futuro nem em nossos projetos. Somos livres para nos sentarmos, sozinhos ou acompanhados de pessoas queridas, e desfrutarmos de nossa refeição.

NOSSOS ANCESTRAIS ESTÃO NO SOLO

O fruto seco, vegetal ou grão que você come conseguiu seus nutrientes no solo e dessa forma cresceu. Lá estão várias pessoas que morreram, foram transformadas e se tornaram parte do solo. É possível que, em uma garfada de arroz, existam ossos de centenas de gerações, além de muitas folhas mortas, minhocas e ossos de animais. É possível que, em uma vida passada, você tenha vivido e morrido no mesmo local, e seus ossos podem ter se desintegrado na mesma terra. Ao comer, olhe com atenção para um grão de arroz e desfrute de tudo o que estiver envolvido em sua criação. Há muito o que descobrir e desfrutar a cada bocado.

COMER COM CONSCIÊNCIA PLENA É UMA PRÁTICA

Quando comemos, devemos nos devotar 100% à refeição. Comer com consciência plena é uma prática. Se decidimos tomar uma xícara de chá com consciência plena, o prazer será mais que duas vezes maior, pois estaremos verdadeiramente presentes, e o chá também. A vida é real. Quando a consciência plena se faz presente, nada é um sonho.

COMER EM SILÊNCIO

Algumas vezes, para aprendermos a comer com consciência plena, pode ser útil fazer uma refeição em silêncio. Dessa maneira, podemos focar nossa atenção na respiração, na comida e nas pessoas ao nosso redor, e ficamos inteiramente presentes no "aqui e agora".

COMER UMA VAGEM

Segure uma vagem durante alguns instantes, reserve um momento para perceber que se trata de uma vagem que envolve o mundo inteiro. Nela estão marcas das nuvens, dos raios de sol, de toda a Terra, além do trabalho duro do produtor. Quando enxergamos dessa maneira, ganhamos sabedoria. Quando ganhamos sabedoria, estamos conscientes e concentrados. Não mastigue suas preocupações, seu sofrimento, seus projetos. Isso não é bom para a sua saúde. Mastigue apenas essa vagem.

NUTRIDO PELO MOMENTO ATUAL

Em nossas atividades diárias, muitas vezes corremos de um lado para o outro. Entre várias tarefas, gastamos nosso tempo planejando como faremos para completar tarefas futuras. No meio de tanta correria e planejamento, nos afastamos do momento atual. Comer é uma chance de retornar ao momento em que vivemos, parando de correr e planejar.

COMO BUDA COMIA

Meditar na hora da comida é uma prática muito antiga. Durante toda sua vida, Buda comeu com sua comunidade de monges e monjas. A cada dia, eles comiam juntos em silêncio, sendo nutridos pelos alimentos e pela presença dos irmãos e irmãs. Não acredito que eles se preocupassem com suas agendas, com seu passado ou futuro. Algo me diz que eles simplesmente aproveitavam o fato de estarem juntos e comer bem. Nós podemos fazer a mesma coisa.

O VALOR DE UMA REFEIÇÃO

Deveríamos refletir profundamente sobre o que compramos e comemos. O que compramos e comemos pode contribuir para a mudança climática ou preveni-la. Comer é uma chance de nutrir nossos corpos e de saber que não estamos destruindo a Terra ao fazê-lo.

O valor de uma refeição não é determinado apenas pela quantidade de dinheiro que pagamos pelos ingredientes ou pelo prato de um restaurante. Há muito trabalho envolvido no cultivo, na colheita, na distribuição e na preparação de uma simples tigela de arroz. Uma boa refeição não envolve necessariamente ingredientes caros. A melhor comida costuma ser a mais simples. Certas coisas os supermercados não podem nos oferecer. Não importa quanto dinheiro você tenha, é impossível comprá-las.

A única maneira de conseguir uma refeição verdadeiramente rica é empregando a consciência plena, concentração e *insight*.

COMA SENTADO

Certas vezes, o dia está tão cheio que comemos correndo de um lado para o outro. Comemos no carro ou caminhando. Por favor, sente-se para comer. Quando nos sentamos, nos lembramos que devemos parar. Não temos nada a fazer, nenhum lugar aonde ir.

UMA RESPIRAÇÃO CONSCIENTE

Antes de comer, separe um momento para inspirar e expirar com consciência plena. Alinhe mente e corpo. O seu corpo sempre está disponível para você. Deixe de focar na mente, foque no corpo. Antes de focar na comida, foque em estar presente junto ao seu corpo. “Inspirando, percebo que meu corpo continua presente. Expirando, sorrio para o meu corpo.” Nosso corpo nos foi dado pelos nossos pais e pelos que vieram antes deles. Quando nascemos, nossos corpos são muito leves. Ao crescermos, tendemos a ganhar peso por conta das preocupações, perdendo nosso frescor e beleza. Comer com consciência plena nos ajuda a recuperar esse frescor, nutrindo nossos espíritos e também nossos corpos. Quando comemos apreciando nossos corpos, comemos mais relaxados e alegres.

A QUANTIDADE CERTA

Quando separamos um momento para nos sentarmos e respirarmos (antes de comer), é possível perceber a real fome do nosso corpo. Podemos descobrir se estamos comendo por termos fome ou porque chegou a hora de comer e a comida foi servida. Se estamos prestando atenção e tranquilos, sabemos o quanto queremos comer. Ter a mente atenta é reconhecer o que existe no momento atual. E o que existe é o fato de que continuamos vivos e saudáveis. A comida à nossa frente está disponível para nutrir nossos corpos e manter nossa saúde.

UMA REFEIÇÃO SILENCIOSA

Podemos ser felizes durante uma refeição, e o silêncio contribui imensamente para isso. Se quiser, reserve uma refeição por semana para comer em silêncio. Uma refeição silenciosa nos ajuda a voltarmos para nós mesmos e a estarmos presentes no momento atual. Uma refeição verdadeiramente silenciosa inclui desligar o barulho da sua mente e encontrar um local calmo para desfrutar da comida. Se preferir, coma sempre o mesmo prato em sua refeição silenciosa semanal. Você poderá comer sozinho, mas se amigos ou parentes quiserem compartilhar desse momento, será maravilhoso. O silêncio ajuda a voltar nossas mentes à respiração consciente. Fazendo isso, você poderá deter as vozes em sua mente, relaxar, respirar e sorrir. Uma refeição desse tipo poderá oferecer vários momentos de felicidade.

UMA REFEIÇÃO NO GOOGLE

Quando visitei a sede do Google, compartilhei uma refeição silenciosa com algumas pessoas que trabalham por lá. Depois, eles me escreveram dizendo: "Eu nunca tive uma refeição tão maravilhosa em nosso refeitório. E me senti muito feliz. Eu me senti em paz. Ninguém dizia nada no refeitório lotado. Todos ficaram quietos, do início ao fim. Na história do Google, foi a primeira vez que tivemos uma refeição assim."

UM TEMPO PARA A REFEIÇÃO

Organize sua agenda e separe um tempo para comer. O local e a comida devem ser apropriados. O que comemos é muito importante. Diga-me o que come e lhe direi quem você é. Diga-me onde come e lhe direi quem você é.

Nós somos o que consumimos. Observando cuidadosamente o que e quanto comemos diariamente, conheceremos bem nossa natureza. Devemos comer, beber e consumir. Porém, fazendo isso de maneira inconsequente, podemos destruir nossos corpos e consciências. A refeição é uma oportunidade para demonstrar gratidão aos que vieram antes de nós e aos que estarão por aqui quando já não estivermos.

COMER É UMA ARTE

Comer bem é uma arte. Não é necessário preparar pratos sofisticados, mas exige prática e concentração. O seu corpo não é apenas seu. É um presente e uma responsabilidade. Para mantê-lo saudável, devemos saber como comer.

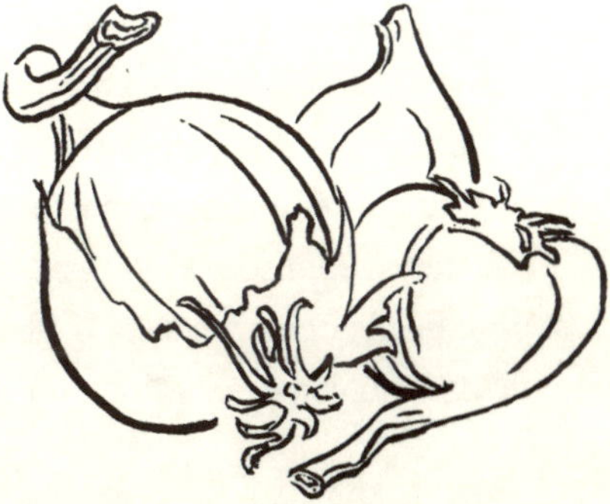

ESCOLHER O QUE COMER

Nossa maneira de comer e produzir comida pode ser muito violenta para as demais espécies, para nossos próprios corpos e para a Terra. Nossa maneira de cultivar, distribuir e comer pode ser parte da criação de uma cura maior. E devemos fazer uma escolha.

O planeta sofre profundamente por conta da maneira como comemos hoje. Florestas são dizimadas para darem lugar a pastos, e a maneira como os animais são criados polui nossa água e nosso ar. Uma boa quantidade de grãos e água também é utilizada para preparar álcool. Milhares de crianças morrem de fome e má nutrição todos os dias, embora a Terra seja capaz de alimentar a todos.

A cada refeição, fazemos escolhas que podem ajudar ou danificar o planeta. "O que eu deveria comer hoje?" é uma questão muito profunda. Pergunte-se isso todas as manhãs. Ao praticar a alimentação consciente, observando com cuidado o que come e bebe, seu desejo por certos alimentos poderá ser alterado. A sua felicidade e a felicidade da Terra estão interligadas.

UMA DIETA VEGETARIANA

Para salvar o planeta, a FAO, Organização das Nações Unidas para a Alimentação e a Agricultura, propôs que se reduzissem as indústrias de carne em pelo menos 50%. O simples ato de virar vegetariano pode fazer uma boa diferença à saúde do nosso planeta.

Se você não for capaz de parar completamente de comer carne, tente reduzir seu consumo. Eliminando a carne ao menos cinco ou dez dias por mês, você já estará ajudando. Tente reduzir seu consumo em ao menos 50%. Isso começa a nutrir sua compaixão. Se você sabe que está vivendo de uma maneira capaz de permitir um futuro ao nosso planeta, terá alegria.

NÓS SOMOS O PLANETA

Nossos alimentos vêm do nosso lindo planeta. A Terra está dentro de nós, em cada pedaço de comida, no ar que respiramos, na água que bebemos e que flui em nosso corpo. Desfrute de ser parte da Terra e coma de uma maneira que lhe permita estar consciente de que cada mordida aprofunda sua conexão com o planeta.

BOM APETITE!

Antes de comer, desejamos a todos que tenham um bom apetite. Dizemos "bom apetite" da mesma maneira como antes de ir para a cama dizemos "boa noite". No Vietnã, eles dizem "por favor, tenha uma doce e deliciosa noite de sono". Em vietnamita, a palavra "deliciosa" está sempre unida à "saudável". Portanto, uma comida deliciosa precisa ser uma comida saudável. Nós comemos coisas deliciosas para termos força e boa saúde. Comidas saborosas, mas que destroem nossos corpos e mentes, não são saudáveis.

Quando comemos com consciência plena, consumimos deliciosamente. Se você não se sente feliz, se não se sente bem o suficiente, pergunte às pessoas que há anos seguem essa prática: "Posso fazer uma pergunta? De que maneira eu poderia saborear cada momento?"

ATENÇÃO AO QUE COMEMOS

Imagine que, antes de comer, você vê um prato temperado com pimentas *chili* vermelhas. Ele pode parecer apetitoso. No entanto, você sabe que é sensível à pimenta, e elas podem afetar sua digestão. Portanto, embora sejam deliciosas, elas podem não ser saudáveis para você. As coisas podem ser deliciosas e nada saudáveis. Sendo assim, devemos ter muito cuidado com o que preparamos e comemos. A comida saudável é boa, mas a comida saudável que não é deliciosa não é nada boa. E você tem direito às duas coisas.

PRESO POR UMA CENTENA DE CORDAS

Comer é uma prática. E tal prática deve ser nutritiva para nós, para nossos corpos e também para nossas mentes. Se você come, mas está preso a uma centena de cordas, ou seja, de preocupações, raiva, irritações, estresse e projetos, essa centena de cordas o puxará para uma centena de direções distintas. Sua comida e sua experiência de comer serão vazias e inúteis. Portanto, programe-se e tenha sempre a intenção de comer (seja lá qual for o alimento) em liberdade.

MEDITAÇÃO COMO ALIMENTO

A prática da meditação também é um tipo de alimento, pois ela nos nutre. Pense na prática oferecida por Buda como uma espécie de alimento. Qualquer prática pode ser uma espécie de alimento. Caminhar é parecido a degustar uma refeição deliciosa. Comer é uma comida deliciosa, sentar-se é uma comida deliciosa e praticar a meditação também é uma comida deliciosa.

O QUE COME UM BEBÊ

Muitas vezes, quando dou uma palestra, tenho alguns bebês na plateia, e alguns deles estão sendo amamentados. Os bebês não sabem o que é um sino, eles não entendem a expressão "consciência plena", mas são nutridos pelos corpos das suas mães e também pelos sons dos sinos e das conversas. Eles são capazes de sentir a energia coletiva da paz profunda enquanto todo mundo inspira e expira. Eles conseguem absorver diferentes tipos de alimentos nutritivos: o leite das suas mães, o som dos sinos e a energia coletiva da consciência plena que flui ao seu redor.

ORGANIZAR UMA REFEIÇÃO

Podemos organizar uma refeição de tal maneira que ela pode se transformar em um momento de prática. Uma refeição pode ser nutritiva e curativa, além de deliciosa e capaz de criar uma atmosfera de paz. Muita gente é ótima organizando coisas. Elas conseguem fazer uma série de tarefas ao longo do dia. Porém, às vezes, elas se esquecem de comer! Elas não organizam seu dia para incluir refeições conscientes. Para organizar uma refeição é necessário separar um tempo para comer, sem distrações nem preocupações. Comendo de uma maneira que nos relaxa, nós ficamos alegres. Não é preciso muito tempo para organizar uma refeição, e os resultados são notáveis.

LOVE

COMER E SORRIR

Sentar-se à mesa e comer com outras pessoas é uma chance de oferecer um sorriso de autêntica amizade e entendimento. É algo muito fácil, mas poucas pessoas o fazem. Para mim, a parte mais importante dessa prática é olhar para cada um e sorrir. Quando membros de uma família ou comunidade se sentam juntos, mas não conseguem sorrir uns aos outros, a situação pode ser bem perigosa. Ao terminar sua refeição, separe alguns momentos para perceber que você já terminou de comer, que seu prato está vazio, que sua fome foi saciada. Eis outra oportunidade para sorrir e ser grato pela comida nutritiva que acabou de saborear, uma comida que o guiará por um caminho de amor e compreensão.

COMER EM SILÊNCIO COM CRIANÇAS

Certas vezes, os pais querem comer em silêncio, mas não acreditam que seus filhos serão capazes de desfrutar e participar dessa prática. No entanto, as crianças são perfeitamente capazes de comer em silêncio durante cinco, dez ou mesmo vinte minutos e podem adorar a experiência.

CULTIVAR A COMPAIXÃO

Ter a oportunidade de se sentar junto à sua família e amigos e desfrutar de uma refeição maravilhosa é algo precioso, mas a que nem todo mundo tem acesso. Muitas pessoas passam fome neste mundo. Quando estou à frente de um prato de comida quente e nutritiva, sei que sou uma pessoa de sorte e sinto compaixão por todos os que não têm comida suficiente ou que não têm amigos ou família. À mesa, podemos cultivar as sementes da compaixão que fortalecerão nossa determinação de ajudar as pessoas famintas ou solitárias a serem nutridas.

CONVERSA COM CONSCIÊNCIA PLENA NA HORA DA REFEIÇÃO

Eu não recomendo que todas as suas refeições sejam feitas em silêncio. Conversar com outras pessoas é uma maneira maravilhosa de manter-se em contato. No entanto, devemos distinguir tipos diferentes de conversa. Alguns assuntos podem nos afastar. Um exemplo: conversar sobre os pontos fracos das pessoas. A comida que foi preparada com todo o cuidado não terá qualquer valor se deixarmos que esse tipo de conversa domine o ambiente. Em vez disso, devemos conversar sobre coisas que nutrem nossa compreensão sobre a comida e o momento do encontro, cultivando felicidade.

Evite assuntos capazes de destruir a percepção que temos das pessoas ao nosso redor ou mesmo da comida. À mesa, se alguém está pensando em outra coisa além da comida (como em seus problemas no trabalho ou com amigos), essa pessoa estará perdendo o momento que vive e a comida. Para sanar esse problema, retorne sua atenção aos alimentos.

CONVIDAR UM SINO A TOCAR NA HORA DE COMER

Em nossos centros de prática, convidamos um sino a tocar três vezes antes de comer, depois comemos em silêncio durante cerca de vinte minutos. Comendo em silêncio, percebemos todos os nutrientes que a comida passa ao nosso corpo e à mente. A fim de aprofundar nossa prática de alimentação consciente e sustentar a atmosfera de paz, permanecemos sentados durante o período de silêncio. No final desse período, o sino é convidado a tocar mais duas vezes. Feito isso, podemos dar início a uma conversa com consciência plena junto aos nossos amigos ou então começamos a nos levantar da mesa.

O PROPÓSITO DO CAFÉ DA MANHÃ

Há alguns anos, eu perguntei a um grupo de crianças: "Qual o propósito de tomar café da manhã?" Um menino respondeu: "Conseguir energia para o dia." Outra criança disse: "O propósito de tomar café da manhã é tomar café da manhã." A segunda resposta me parece mais correta. O propósito de comer é comer.

UMA VIDA PLENA

Se nos sentimos vazios, não precisamos ir à geladeira e pegar coisas para comer. Quando comemos dessa maneira, existe uma sensação de vazio, solidão ou depressão em nosso interior. Os momentos de nosso dia a dia podem ser preenchidos com alegria e atividades que gerem significado. Nossa comunidade inclui nossas famílias e amigos, e também nossa conexão com os demais seres vivos. Eles estão presentes para nos ajudar a evitar tais sensações. Não estamos sozinhos. Não compartilhamos refeições apenas para sustentar nossos corpos e celebrar as maravilhas da vida, mas também para experimentarmos a liberdade, a alegria e a felicidade de estarmos em uma comunidade harmoniosa durante o momento em que comemos.

CONSEGUIR APOIO

Imagine que você sofre com problemas alimentares. Você come mais do que precisa, o que lhe traz uma série de dificuldades e sofrimentos. Uma maneira de voltar à alimentação que aporta alegria é se comprometer em comer com pessoas que nos apoiam. Ser acolhido pela comunidade pode ajudar bastante. Mesmo morando sozinho, sem uma comunidade com a qual se exercitar, você não está só. Várias mãos trabalharam na comida que você está consumindo. Isso sem falar nos micróbios, bactérias e demais seres vivos microscópicos que existem em sua comida, em você e à sua volta. Seus ancestrais, bem como seus descendentes, permanecem ao seu lado, em todas as células do seu corpo.

ENXERGAR DE VERDADE

Quando olhamos para as pessoas com as quais comemos, podemos vê-las por completo rapidamente. Não precisamos de duas horas inteiras para enxergar uma pessoa. Se estamos verdadeiramente bem resolvidos, só precisamos olhar por alguns segundos para enxergarmos um amigo. Penso que, se uma família tem cinco membros, será necessário cerca de apenas cinco ou dez segundos para exercitar esse "olhar e enxergar".

DESFRUTE O ATO DE LAVAR A LOUÇA

Em nossos primeiros anos como noviços, tínhamos de lavar louça para uma centena de monges. E não havia água corrente, quente nem fria. Não havia torneira nem sabão. Você deve estar pensando em como nós conseguíamos! Tudo o que tínhamos eram ramos de freixo, casca de arroz e de coco para usar como esponja. Muita gente continua utilizando esse tipo de coisa em meu país. Nós arrancávamos um pedaço de casca de coco, que secávamos e depois utilizávamos para limpar panelas e tigelas. Antes de esfregar qualquer coisa, tínhamos que ferver uma grande tina de água. Quando noviço, fui responsável por sair em busca de madeira em montanhas repletas de pinheiros. Nós fazíamos grandes montes de galhos secos e folhas pontiagudas de pinheiros. É possível cozinhar arroz ou sopa utilizando apenas folhas de pinheiros.

Éramos dois noviços para lavar a louça de centenas de monges. No entanto, a tarefa era muito divertida, mesmo sem água corrente nem sabão. Alguns países têm casas modernas muito confortáveis. Nesses locais, água quente e fria chegam às cozinhas de todos. Basta girar a torneira.

Para lavar a louça, basta ficar de pé, desfrutando do momento. Porém, é possível que você seja preguiçoso, que veja uma enorme pilha de louça suja e não corra para lavá-la. No entanto, assim que arregaçar as mangas e ficar de pé em frente à pia, a dificuldade desaparecerá.

Vivendo em um país moderno, ou tendo apenas uma tina de água à nossa frente, podemos desfrutar o momento de lavar a louça.

LAVAR LOUÇA PARA MEDITAR

Imagine que o pequeno Buda (ou o bebê Maomé, o bebê Moisés ou o bebê Jesus) tenha acabado de nascer. Sem dúvida, você estaria disposto a banhá-lo com água limpa. Lave cada prato, cada tigela, como se estivesse dando banho em um bebê. Inspire, sinta alegria; expire, sorria.

Cada minuto pode ser sagrado. Onde buscar o espiritual? Nas coisas mais simples que fazemos todos os dias. Limpar o chão, regar a horta e lavar a louça podem ser tarefas sagradas se houver consciência plena. Com consciência plena e concentração, tudo se torna espiritual.

BEBER UMA NUVEM

Algo tão simples e corriqueiro quanto tomar uma xícara de chá pode nos trazer uma enorme alegria e aprofundar nossa conexão com a Terra. A maneira como tomamos nosso chá pode transformar nossas vidas, caso existam reais devoção e atenção.

Certas vezes, passamos o dia correndo de uma tarefa à outra, loucos de vontade de parar e tomar uma xícara de chá. Porém, quando finalmente nos sentamos com a xícara nas mãos, nossa mente continua a mil, pensando no futuro, e não conseguimos desfrutar do que estamos fazendo. Por isso, perdemos o prazer de tomar nosso chá. Devemos manter nossa consciência viva e valorizar cada momento de nosso cotidiano. As demais tarefas podem parecer menos prazerosas do que tomar um chá.

Porém, se as executarmos com consciência, descobriremos que elas são, na verdade, muito prazerosas.

Tomar uma xícara de chá é um prazer que podemos nos proporcionar a cada dia. Para desfrutar do nosso chá, devemos estar verdadeiramente presentes, sabendo clara e profundamente que estamos tomando nosso chá.

Quando erguemos nossa xícara, podemos apreciar o aroma do chá. Observando-o cuidadosamente, podemos ver que estamos bebendo plantas aromáticas que nos foram oferecidas pela Mãe Terra. Vemos o trabalho dos coletores de chá, vemos os campos luxuriantes e as plantações do Sri Lanka, China e Vietnã. Percebemos que estamos bebendo uma nuvem, bebendo a chuva. O chá contém o universo inteiro.

MEDITAR NA HORA DO LANCHE

Um jovem amigo, certa vez, pediu que eu lhe ensinasse a prática da mente atenta. Eu lhe ofereci uma tangerina, mas ele continuou me falando sobre seus vários projetos: seu trabalho em prol da paz, da justiça social e assim por diante. Enquanto comia, ele pensava e falava. Ele descascou a tangerina, colocou os gomos na boca, mastigou e engoliu.

Eu lhe disse: "Jim, pare! Coma sua tangerina." Ele me olhou e entendeu. Jim parou de falar e começou a comer muito mais lentamente, de maneira mais consciente. Ele separou cada gomo que restava, sentiu sua maravilhosa fragrância, colocou um de cada vez na boca e saboreou todo o suco em volta de sua língua. Qual é o propósito de se comer uma tangerina? Comer a tangerina.

Enquanto comemos uma tangerina, comer essa tangerina é a coisa mais importante das nossas vidas.

Da próxima vez que pegar uma tangerina, coloque-a na palma da sua mão e observe-a de maneira a torná-la uma tangerina real. Você não precisará de muito tempo, apenas dois ou três segundos. Olhando para ela, você verá a linda flor de tangerina desabrochando graças aos raios de sol e da chuva, a fruta bebê se formando. Poderá vê-la crescer, e sua cor passar do verde ao laranja. Descascando a tangerina, cheirando-a e provando-a, você poderá ser muito feliz. Devemos fazer todas as coisas dessa maneira. Plantar alface, lavar louça, escrever um poema ou preencher números em colunas, tudo pode ser feito com concentração e consciência.

A QUANTIDADE CERTA

Comendo com consciência plena podemos saber o que e quanto deveríamos comer. Deveríamos pegar apenas o que podemos comer. Nós tendemos a ignorar a regra da moderação. Muitos de nós deveriam comer menos do que estão acostumados diariamente. Sabemos que as pessoas que consomem menos são mais saudáveis e felizes, e que as pessoas que consomem muito costumam sofrer profundamente. Se mastigarmos com cuidado, se comermos apenas o que for saudável, não traremos doenças aos nossos corpos e mentes.

LANCHAR

Quando estamos famintos, um pequeno lanche pode nos satisfazer. Porém, costumamos criar o hábito de fazer um lanche quando nos sentimos sós ou ansiosos. A respiração com consciência plena é uma ótima maneira de fazer com que nosso corpo "faça um lanche", reconhecendo e aceitando os sentimentos fortes que estiverem presentes. Após uma respiração com consciência plena, você terá menos desejo de correr para lanchar a fim de se distrair. Seu corpo será nutrido pela sua respiração.

COMER SEUS SENTIMENTOS

Nós, seres humanos, temos sentimentos, positivos e negativos. Algumas pessoas tendem a comer mais quando se sentem alegres, outras tendem a comer menos. Algumas pessoas comem quando estão tristes ou chateadas, pois é a maneira que encontram de comer seus sentimentos, esperando que sumam da sua frente. A comida se transforma em desejo, abandonando seu caráter de fonte de nutrientes. Se não tentarmos observar cuidadosamente nosso desejo, ele crescerá. Quando separamos um tempo para cuidar de nossas emoções com consciência plena e compaixão, podemos simplesmente comer. Podemos desfrutar de nossa comida sem transformá-la em desejo. Podemos desenvolver um relacionamento saudável e positivo com o ato de comer.

NUTRIR A NÓS MESMOS COM CONSCIÊNCIA PLENA

Todos nós sabemos que, algumas vezes, abrimos a geladeira e pegamos algo que não é bom para nossa saúde. E somos inteligentes o suficiente para reconhecer tal fato. Porém, seguimos em frente e comemos, tentando nos esquecer do mal-estar que nos invade. Consumimos para nos esquecer de nossas preocupações e ansiedades, e para reprimir energias negativas como medo e raiva. Quando a ansiedade surgir, em vez de consumir, convide a mente atenta a se manifestar. Pratique caminhada e respiração conscientes para gerar a energia da mente atenta e a convide para cuidar da energia que o faz sofrer. Exercitando-se dessa maneira, você terá energia da mente atenta suficiente para vencer seu medo, sua raiva e outras energias negativas.

O CONSUMO CONSCIENTE É PARA TODOS

Comer com consciência é uma prática que dá suporte a nós mesmos, à nossa família, à sociedade e ao planeta, e é algo que pessoas de todas as idades podem fazer. Líderes de empresas e comunidades podem estimular uma alimentação responsável e compassiva. Se você é prefeito, governador ou presidente, talvez queira encorajar as pessoas que governa a se engajarem em um consumo consciente capaz de reduzir a violência e o sofrimento em sua comunidade.

A ALEGRIA DE COMER

Comer deve ser uma alegria. Quando pego minha comida com meus pauzinhos, colher ou garfo, ou mesmo com as mãos, paro um pouco e olho para ela, antes de colocá-la em minha boca. Se estou verdadeiramente presente, reconheço a comida imediatamente, seja uma maçã, um rabanete ou um pedaço de batata. E sorrio para a comida, coloco-a na boca e mastigo com completa consciência do que estou comendo. Eu mastigo minha comida de tal maneira que a vida, a alegria, a solidez e a falta de medo imperam. Após comer, eu me sinto nutrido, e não apenas fisicamente, mas também mental e espiritualmente.

CONTEMPLAÇÕES SOBRE O ATO DE COMER

CONTEMPLAR NOSSA COMIDA

Contemplar nossa comida por alguns momentos, ainda antes de comer, pode nos trazer muita felicidade. Nós olhamos para a comida de uma maneira que ela se torna real. Pensamos em todas as pessoas, animais, plantas e minerais, além de todas as condições que levaram tal comida ao nosso prato. A comida revela nossa conexão com a Terra e com todos os seres vivos. Nós nos lembramos de nossa determinação para comer de uma maneira que preserve nossa saúde e bem-estar, além da saúde e do bem-estar da Terra. As seguintes contemplações e os seguintes versos podem nos ajudar a praticar a mente atenta enquanto comemos.

PRATICAR AS CINCO CONTEMPLAÇÕES

As Cinco Contemplações podem ser ditas antes de uma refeição para nos lembrarmos de estar inteiramente presentes e desfrutar da comida. Caso prefira, imprima e leia em voz alta, ou memorize-as. Isso feito, elas formarão parte das suas refeições.

No entanto, as Cinco Contemplações não são apenas para ler ou recitar antes das refeições. Se fosse assim, elas poderiam se transformar em algo que simplesmente fazemos antes de comer, para depois continuarmos a comer como sempre, sendo guiados pelos nossos pensamentos. Ao longo da refeição, tente viver as Cinco Contemplações. Ao praticar a alimentação consciente, você merecerá sua comida. A comida que chegou ao seu prato é o resultado de muito amor e trabalho duro.

AS CINCO CONTEMPLAÇÕES

1. A comida é um presente da Terra, do céu, de inúmeros seres vivos e de muito trabalho, duro e amoroso.

2. Devemos comer com consciência plena e gratidão para merecermos a comida que recebemos.

3. Devemos reconhecer e transformar as formações mentais perniciosas, especialmente a gula, e aprender a comer com moderação.

4. Devemos manter nossa compaixão viva, comendo de maneira a reduzir o sofrimento dos seres vivos, evitando contribuir para a mudança climática, curando e preservando nosso planeta.

5. Nós aceitamos essa comida para nutrir nossa irmandade, construir nossa comunidade e nutrir nosso ideal de servir a todos os seres vivos.

UM PRESENTE DA TERRA

PRIMEIRA CONTEMPLAÇÃO: *Essa comida é um presente da Terra, do céu, de inúmeros seres vivos e de muito trabalho, duro e amoroso.*

A primeira contemplação nos conscientiza de que nossa comida vem diretamente da Terra e do céu. Ela é um presente da Terra e do céu, e também das pessoas que a prepararam. Existe muito trabalho amoroso por trás da preparação de uma refeição. Essa contemplação nos coloca em contato com o *insight* de que tudo contém todas as coisas. Quando pegamos uma cenoura, imediatamente enxergamos a Terra, o céu e todo o universo, que se uniu para produzir essa linda cenoura. Muitas pessoas empreenderam muito trabalho amoroso e vários elementos se uniram para levar essa cenoura ao seu prato. Quando a colocamos na boca, estamos em contato com todo o universo. Um punhado de beterrabas, uma alface e um pedaço de pão podem nos ajudar a manter o contato com o trabalho duro e amoroso, e também com as dificuldades encontradas para que tal comida chegasse ao nosso prato. Mesmo comendo sozinho, você nunca está só. Você faz parte de uma comunidade maior, aquela que ajudou a produzir os alimentos. Na sua comida, você poderá enxergar a presença preciosa do trabalho de muita gente.

GRATIDÃO

SEGUNDA CONTEMPLAÇÃO: *Devemos comer com consciência plena e gratidão para merecermos a comida que recebemos.*

A segunda contemplação é sobre estarmos atentos à presença da nossa comida e agradecermos por ela. Não devemos nos perder no passado nem no futuro. Devemos estar presentes para nossa comida e nossa comida deve estar presente para nós: isso é justo. Coma com consciência plena e você merecerá a Terra e o céu.

Quando observamos com cuidado o trabalho que envolve produzir e preparar nossa comida, a gratidão surge naturalmente. Foram tantas as mãos envolvidas no ato de levar nossa comida à mesa! Comer de maneira consciente é uma forma de demonstrar apreço pelo trabalho duro que levou ao surgimento de uma refeição.

COMER COM MODERAÇÃO

TERCEIRA CONTEMPLAÇÃO: *Devemos reconhecer e transformar formações mentais perniciosas, especialmente a gula, e aprender a comer com moderação.*

A terceira contemplação fala sobre estarmos atentos às tendências negativas e não permitir que elas nos guiem. Devemos aprender a comer com moderação, a comer a quantidade exata de comida. É muito importante não exagerar. Se comemos devagar e mastigamos com cuidado, conseguimos nos nutrir bastante. A quantidade certa de comida é a que nos ajuda a permanecer saudáveis.

Buda sempre lembrava aos seus monges que deveriam comer com moderação. E comer com moderação significa manter um corpo leve e saudável. Muitas doenças entram por nossas bocas. Portanto, devemos observar o que comemos e saber o que deveríamos ou não comer. Observe com os olhos de Buda. A qualidade e a quantidade de comida são muito importantes. Os monges e monjas costumam ter tigelas chamadas de "recipiente da medida certa". Isso os ajuda a saber quanto de comida devem consumir. Quando lhes é doada muita comida, eles entregam o excesso aos demais. Portanto, essa tigela ajuda muito. Sempre sabemos quanta comida queremos e também sua qualidade.

COMER PARA REDUZIR O SOFRIMENTO

QUARTA CONTEMPLAÇÃO: *Devemos manter nossa compaixão viva, comendo de maneira a reduzir o sofrimento dos seres vivos, evitando contribuir para a mudança climática, curando e preservando nosso planeta.*

A quarta contemplação fala sobre a qualidade da nossa comida. Nós estamos determinados a ingerir unicamente alimentos sem toxinas para nossos corpos e nossas consciências, alimentos que nos mantêm saudáveis e nutrem nossa compaixão. Quando comemos dessa maneira, mantemos a compaixão viva dentro de nós. Isso é comer de maneira consciente.

Certas vezes, mesmo quando não estamos famintos, comemos para encobrir um sofrimento interno. Mas podemos comer de uma maneira que não encubra os sofrimentos, mas que nos ajude a percebê-los e transformá-los.

Você poderá até mesmo ser capaz de sorrir para seu próprio sofrimento, pois sofrer pode nos ajudar a operar transformações internas. Sermos conscientes do sofrimento é muito importante para entendê-lo e gerarmos uma energia de compaixão. Com consciência plena, não sentimos medo de sofrer ou de sentir dor. Aprendemos a fazer bom uso da lama do sofrimento para fabricar flores de lótus.

NUTRIR TODOS OS SERES VIVOS

QUINTA CONTEMPLAÇÃO: *Nós aceitamos essa comida para nutrir nossa irmandade, construir nossa comunidade e nutrir nosso ideal de servir a todos os seres vivos.*

A quinta reflexão diz que devemos estar atentos ao fato de que recebemos alimentos para fazer alguma coisa. Nossas vidas devem ter um significado, que é ajudar as pessoas a sofrerem menos e entrarem em contato com as alegrias da vida. Quando temos compaixão em nossos corações e sabemos que somos capazes de ajudar as pessoas a sofrerem menos, a vida começa a ter mais significado. Essa é uma importante fonte de nutrição e pode nos oferecer uma boa quantidade de alegria. Um indivíduo é capaz de ajudar a muitos seres vivos. Isso é algo que podemos fazer onde quer que estejamos.

SEIS CONTEMPLAÇÕES SOBRE COMIDA PARA A JUVENTUDE

Para as famílias, é maravilhoso poder sentir a felicidade de se sentar e comer juntos, de maneira consciente. Estas Seis Contemplações foram escritas, sobretudo, para serem compartilhadas entre os jovens, antes das refeições, mas podem ser desfrutadas por qualquer pessoa.

1. Essa comida é um presente de todo o universo: da Terra, do céu, da chuva e do sol.

2. Devemos agradecer às pessoas que prepararam esses alimentos, sobretudo aos produtores, às pessoas que trabalham nos mercados e aos cozinheiros.

3. Só devemos pôr em nossos pratos a quantidade que somos capazes de comer.

4. Devemos mastigar a comida lentamente, para desfrutar dela.

5. Essa comida nos oferece energia para praticar o hábito de sermos mais amorosos e compreensíveis.

6. Nós comemos essa comida para ficarmos saudáveis e felizes, e para amar uns aos outros como se fôssemos uma família.

SERVIR COMIDA

Nesta comida
eu enxergo claramente
a presença de todo o universo
sustentando minha existência.

Esses versos nos ajudam a enxergar que nossas vidas e as vidas de todas as espécies estão interligadas. Comer é uma prática muito profunda. Enquanto esperamos para nos servir ou sermos servidos, devemos olhar para a comida e sorrir para ela. Os alimentos contêm a luz do sol, as nuvens, o céu, a Terra, os produtores, tudo.

Olhe cuidadosamente para um pêssego. Não o coloque imediatamente na boca. Olhe e sorria para ele. Se estiver consciente, você perceberá os raios de sol no interior desse pêssego. E também uma nuvem. E a incrível Terra. E muito amor, muito trabalho duro. Depois, quando o comer, certifique-se de mastigar apenas o pêssego, não seus projetos ou preocupações. Desfrute enquanto come seu pêssego. O pêssego é um milagre. Você também é um milagre. Portanto, gaste um tempo com sua comida. Todos os minutos das suas refeições deveriam ser de felicidade. Poucas pessoas têm tempo e oportunidade para se sentar e desfrutar de uma refeição como essa. Nós somos muito sortudos.

OLHAR PARA O SEU PRATO

Este prato de comida,
tão cheiroso e apetitoso,
também contém muito sofrimento.

Esse verso tem sua origem em uma canção folclórica vietnamita. Quando olhamos para nossos pratos, repletos de alimentos cheirosos e apetitosos, devemos estar atentos à dor das pessoas que passam fome. Todos os dias, centenas de crianças morrem de fome e desnutrição. Olhando para nossos pratos, podemos ver a Mãe Terra, os trabalhadores rurais e a tragédia da distribuição desigual de comida.

Muitos de nós, e, sobretudo, os moradores da América do Norte e da Europa, estão acostumados a comer alimentos importados de outros países, seja café da Colômbia, chocolate de Gana ou o aromático arroz da Tailândia. Muitas crianças desses países, exceto as que nascem em famílias ricas, nunca veem os ótimos produtos da sua terra, que são separados para exportação, a fim de serem revertidos em dinheiro. Algumas famílias são tão pobres e famintas que se veem obrigadas a vender seus filhos como empregados para outras famílias a fim de conseguirem dinheiro para comer.

Antes de uma refeição, podemos unir as palmas de nossas mãos com atenção plena e pensar nas pessoas que não têm o suficiente para comer. Lenta e conscientemente, devemos respirar três vezes e recitar esse *gatha*, ou verso. Fazendo isso, podemos manter a consciência plena. Podemos encontrar formas de viver com mais simplicidade, a fim de reunirmos energia para alterar o sistema de injustiça que existe neste mundo.

COMEÇAR A COMER

Com a primeira mordida, eu pratico o amor que
nos dá alegria.
Com a segunda mordida, eu pratico o amor que
alivia o sofrimento.
Com a terceira mordida, eu pratico a alegria de
estarmos vivos.
Com a quarta mordida, eu pratico o amor
igualitário a todos os seres vivos.

No momento em que damos a primeira mordida, expressamos nossa gratidão, prometendo oferecer amor pelo menos a uma pessoa. Com a segunda mordida, podemos prometer ajudar a aliviar a dor de ao menos uma pessoa. Com a terceira mordida, entramos em contato com as maravilhas da vida. Com a quarta mordida, praticamos a inclusão e o amor caracterizado pela não discriminação. Isso feito, entramos em contato com a comida e sua natureza profunda.

OLHAR PARA SUA TIGELA VAZIA

Minha tigela, agora vazia,
logo estará repleta de uma comida preciosa.
Ao redor da Terra, vários seres lutam pela vida.
Que sortudos somos nós que temos o suficiente
para comer.

Neste planeta, muita gente olha para uma tigela vazia sabendo que ela permanecerá vazia por um bom tempo. Portanto, uma tigela vazia deve ser tão venerada quanto uma cheia. Devemos ser gratos pela comida que temos e sempre podemos encontrar maneiras de auxiliar as pessoas que têm fome.

TERMINAR SUA REFEIÇÃO

Minha tigela está vazia.
Minha fome saciada.
Eu prometo viver
promovendo o bem de todos os seres vivos.

Após comer, não saia correndo para fazer outra coisa. Em vez disso, passe um tempo agradecendo pela comida que acabou de comer e por tudo o que proporcionou a criação desse momento. Algumas vezes, demonstramos gratidão apenas antes de comer, e logo depois passamos a outra tarefa. Porém, devemos ser tão gratos por termos comido e nos sentirmos satisfeitos quanto fomos gratos nos momentos de contemplação anteriores à refeição. Viver em paz e com felicidade é a melhor maneira de demonstrar nossa gratidão, e trata-se do melhor presente para o mundo e para as gerações futuras.

SEGURAR SUA XÍCARA DE CHÁ

> Esta xícara de chá que tenho entre minhas mãos
> está perfeita e conscientemente segura.
> Minha mente e meu corpo se encontram
> bem aqui e agora.

Esteja você tomando um chá no trabalho, em um café ou em casa, é maravilhoso separar o tempo necessário para desfrutá-lo. Se o clima está frio, você poderá sentir o calor da xícara entre suas mãos. Inspire e recite o primeiro verso; expire e recite o segundo. Depois inspire de novo e recite o terceiro. Expire e recite o quarto. Respirando dessa maneira, com consciência plena, nós nos recuperamos e a xícara de chá alcança seu lugar de maior destaque. Quando não estamos conscientes, não bebemos o chá, mas sim nossas ilusões e aflições. Se o chá se transforma em algo real, nós nos transformamos em seres reais.

Quando somos capazes de nos encontrar verdadeiramente com o chá, estamos verdadeiramente vivos.

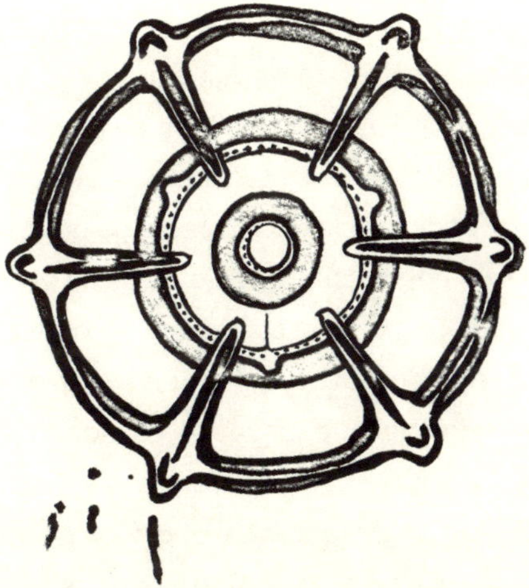

DAR BANHO EM UM BEBÊ

Lavar a louça
É como dar banho em um pequeno Buda.
O profano é o sagrado.
Todas as mentes são a mente de Buda.

Quando estamos limpando a cozinha ou lavando louça, devemos agir como se estivéssemos limpando um altar ou dando banho em um bebê. Dessa forma, a alegria e a paz podem irradiar ao interior do nosso corpo e à nossa volta. A ideia de que lavar louça é desagradável só deve surgir quando não as estamos lavando. Na frente da pia, com as mangas arregaçadas e as mãos mergulhadas em água morna, a situação não é tão ruim. Eu gosto de passar um tempo com cada louça, poder observá-la, ver a água, perceber os movimentos das minhas mãos.

Eu sei que, se tenho pressa para comer a sobremesa ou tomar uma xícara de chá, o momento de lavar louça será desagradável. No entanto, isso seria uma pena, pois as louças e o fato de eu estar presente, lavando--as, são verdadeiros milagres!

Se sou incapaz de lavar a louça alegremente, se quero terminar bem rápido o trabalho, de modo que eu possa comer uma sobremesa ou tomar uma xícara de chá, serei igualmente incapaz de fazer qualquer dessas coisas com alegria. Com a xícara de chá entre minhas mãos, estarei pensando no que fazer em seguida, e a fragrância e o sabor do chá, bem como o prazer de bebê-lo, serão perdidos. Eu sempre serei arrastado ao futuro, nunca serei capaz de viver o presente. O momento de lavar a louça é tão importante quanto qualquer outro.

TRANSFORMAR NOSSOS RESTOS DE COMIDA EM ADUBO

No lixo, vejo uma rosa.
Na rosa, vejo o lixo.
Tudo está em transformação.
Mesmo a permanência não é permanente.

Sempre que jogamos comida no lixo, o cheiro pode ficar ruim. A matéria orgânica estragada cheira especialmente mal. No entanto, a comida pode se transformar em ótimo adubo para fertilizar um jardim. A rosa perfumada e o lixo fedido são dois lados da mesma existência. Sem um, o outro não existe. Tudo está em transformação. A rosa que morre, após seis dias, se transformará em parte do adubo. Após seis meses, o adubo se transformará em rosa.

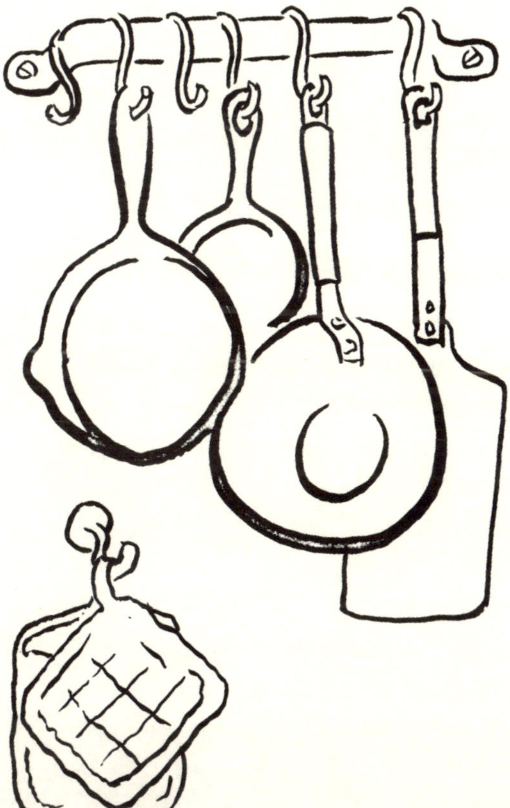

UMA SAÍDA

Eu sei que a Terra é minha mãe,
um incrível ser vivo.
Eu prometo proteger a Terra,
e a Terra me protege.

A prática de comer com consciência plena não apenas cura a nós mesmos e a nossos seres queridos, mas é uma forma de ajudar o mundo a sair da difícil situação em que está. Ficamos atentos ao que devemos ou não comer para manter nossos corpos, mentes e a Terra saudáveis, e para não causar sofrimento para nós mesmos e para os demais. O consumo consciente é uma maneira de escapar de nossas dificuldades, e não apenas das pessoais, mas também uma forma de escapar da guerra, da pobreza e dos desequilíbrios do clima. Se queremos sobreviver e nos desenvolver como espécie, a Terra exige o consumo consciente.

TÍTULOS RELACIONADOS

A arte de amar

A arte de sentar

Publisher
Kaíke Nanne

Editora executiva
Carolina Chagas

Editora de aquisição
Renata Sturm

Coordenação de produção
Thalita Aragão Ramalho

Produção editorial
Jaciara Lima

Revisão de tradução
Rafael Surgek

Revisão
Thamiris Leiroza
Samuel Gonçalves

Diagramação
Filigrana

Adaptação de capa
Lúcio Nöthlich Pimentel

Este livro foi impresso em São Paulo, em 2015,
pela RR Donnelley, para a Editora Agir.
A fonte usada no miolo é Proxima Nova Alt , corpo 9,5/15.
O papel do miolo é avena 80/m^2, e o da capa é cartão 250g/m^2.